Elme-Marie Caro

L'Idée
de la patrie

ses défaillances et son réveil

ISBN : 978-1539976004

10 9 8 7 6 5 4 3 2 1

Elme-Marie Caro

L'Idée
de la patrie

ses défaillances et son réveil

Table de Matières

Introduction.

Il est donc venu, le moment *psychologique* du bombardement, annoncé par les aimables pédants de l'état-major prussien. C'est en même temps l'aube de la nouvelle année qui vient d'éclore frissonnante et ensanglantée. C'est elle que célèbrent ces coups répétés sur un rythme funèbre, impatiemment attendu par la *noble et poétique Allemagne*, invoqué par le chœur des douces fiancées de là-bas, et qui va remplir enfin les vœux de leur candide férocité. En effet, partout où passe cet ouragan, la dévastation s'accomplit, la mort fait son œuvre. Seuls, immobiles sous cette tempête de feu, pareils à des navires qui tiennent la proue debout contre la mer furieuse, nos forts, presque silencieux, attendent l'assaut de l'invisible ennemi, qui ne révèle sa présence que par l'éclair de ses batteries ; mais tout autour de nous les villages s'abîment sous ce niveau meurtrier ; les églises s'effondrent, les châteaux ne tiennent plus au sol que par quelque par de muraille ; les fermes, broyées par les obus, couvrent de leurs débris ces jardins, ces champs hier si fertiles, aujourd'hui stérilisés sous les décombres et la neige ; les bois fracassés, fouillés en tout sens par la mitraille, portent témoignage contre cette guerre impie qui détruit tout, qui viole la nature comme l'humanité, qui tarit la vie dans les germes, aux entrailles de la terre, comme elle la détruit à nos foyers, dans les berceaux. Cette immense désolation des choses, cette stérilité des campagnes, cette dévastation de la terre et cet égorgement des hommes, tout cela, c'est le prix de la couronne du nouvel empereur d'Allemagne. N'arrêtez pas ce fleuve de sang qui emporte toute une génération. Laissez passer la justice du roi Guillaume, l'élu de Dieu.

Et pendant ce temps la France, envahie sur une grande étendue, pillée, rançonnée, sillonnée dans tous les sens par le rude soc de la conquête, foulée aux pieds de cette race de vainqueurs insolents et rapaces, appelle le vengeur inconnu. Il viendra, n'en doutez pas, mais quand viendra-t-il ? Ce faible reste de vie vaut-il la peine d'être disputé aux anxiétés d'aujourd'hui, au désespoir de demain ? Eh bien oui ! malgré tout ce que l'heure présente a de misères et de larmes, un immense espoir a traversé la France. Dans son apparente agonie, elle a senti palpiter en elle le principe et le germe d'une résurrection. À travers tant de ruines, sous cet

Elme-Marie Caro

amoncellement de cadavres et de débris, piédestal du monstrueux orgueil d'un seul homme, quelque chose a tressailli : c'est l'âme de la patrie, renaissant avec plus de force que jamais sous le coup qui devait l'anéantir. Il y a là un phénomène moral de l'ordre le plus élevé. Que l'on compare, dans ces premières heures de l'année qui vient de naître, la nation française avec elle-même, avec ce qu'elle était il y a un an, il y a six mois. Toute meurtrie, toute sanglante qu'elle nous apparaisse en ce moment, qui ne voit qu'elle a gagné quelque chose, le sentiment énergique de son unité, et qu'elle a ressaisi enfin sa conscience nationale, menacée par de fatales défaillances, troublée par de vains rêves, par un esprit de système ennemi de nos vrais instincts et de nos sentiments naturels ? Il m'a semblé qu'il ne serait pas sans intérêt, à cette heure, de rechercher sous quelles influences le sentiment de la patrie s'était affaibli dans ces dernières années, et quels signes il nous a donnés, depuis quelques mois, de son éclatant réveil.

Section I.

Pour qui observe la France et suit les phases diverses de sa vie morale depuis une vingtaine d'années, peut-être davantage, si l'on met à part une ou deux courtes périodes de surexcitation où la vie était comme enfiévrée, il n'est pas douteux que la masse de la nation se désintéressait sensiblement de la chose publique, du bien commun à tous, du nom même de la patrie. Ce n'est pas le moment de rechercher les causes très diverses d'un état que les esprits superficiels préfèrent, pour en finir plus vite, résumer dans un seul nom et dans une seule malédiction. Il serait pourtant bien facile de démontrer que ce régime politique, dont je ne prétends pas nier la délétère influence, était lui-même un effet avant de devenir à son tour une cause et un principe. C'était la résultante des inclinations paresseuses qui se développent dans notre tempérament national après les époques de crise et d'agitation vaine, — l'ennui de l'action collective, une certaine lassitude du changement, la docilité sans conviction à une forte impulsion reçue, en un mot l'indolence publique, devenue la complice sceptique et railleuse du fait accompli, se traduisant par l'abdication de toute responsabilité, par l'abandon des intérêts généraux entre des mains toujours empressées à les saisir. Nous ne referons pas ici cette triste histoire dont nous avons été tous à des degrés divers les auteurs, les témoins, les victimes, oui, tous, car ceux-là mêmes qui prétendaient y faire obstacle, les révoltés contre cet ordre de choses, contribuaient involontairement à le faire durer par l'éclat sombre de leurs anathèmes et les fulgurations de leur haine, qui semblaient être les avant-coureurs des révolutions implacables. La terreur de l'inconnu inspirée par ces revendications menaçantes, l'effroi de voir s'ouvrir une période révolutionnaire dont nul ne pourrait ni mesurer l'effet ni marquer le terme, voilà le mal endémique dont souffrait la masse de la nation. Du haut des aspirations politiques qui se relevaient de temps en temps, et que la violence de certaines colères calmait aussitôt jusqu'à l'excès, on se laissait retomber pesamment dans cette inaction d'une tranquillité illusoire sous laquelle se creusaient les abîmes. Je ne parle pas, bien entendu, de cette minorité d'élite vraiment libérale et non révolutionnaire, représentée par un petit nombre d'esprits très distingués, que leur distinction même isolait dans cette multitude de tempérament apathiques ou violents qui forment la grande majorité d'un peuple. Par crainte du désordre, on se résignait à cet ordre apparent qui n'était, nous l'avons bien vu, que le désordre organisé. On ajournait au lendemain le réveil et l'action, et le lendemain l'engourdissement fatal avait gagné plus profondément le cœur de la nation. À certains jours cependant, à l'occasion des élections générales, le peuple semblait appelé à dire son mot ; mais qui pourra me contredire, si je me souviens que, même dans ces jours réservés à la discussion de la chose publique, la passion, l'agitation, se portaient sur des noms propres plus que sur des intérêts généraux ? Le gouvernement avait sa liste officielle, l'opposition avait la sienne. Combien il était rare qu'il y eût place pour ces candidatures spontanées, issues de l'accord instinctif des citoyens entre eux, en dehors des ministères et des coteries, ne représentant que ce client trop oublié dans le tumulte des partis, l'intérêt public ! Quand les élections étaient faites, quand la chambre était validée, on se reposait d'un si grand effort pour cinq ou six ans. Le tournoi oratoire commençait. C'était une belle lutte de théâtre, de belles passes d'armes. La récompense des plus brillants athlètes, c'était l'applaudissement des tribunes ou la popularité momentanée des salons : rien de plus ; aucune action

Elme-Marie Caro

efficace et réelle sur le pays. Les masses restaient impénétrables soit dans leur indolence, qui trompait sur leurs véritables sympathies la légèreté infatuée des hommes d'état, soit dans leur implacable et farouche défiance, dont s'échappait déjà la menace d'une révolution sociale. Des deux côtés également, on se désintéressait de ces luttes de parole et des intrigues de la scène. Une seule fois il parut se faire un grand réveil d'opinion. C'était, il y a un an, à pareil jour. Le ministère du 2 janvier venait de naître ; mais n'insistons pas sur ce lugubre souvenir, aggravé par le contraste de ces espérances et des catastrophes qui en célèbrent aujourd'hui le triste anniversaire.

Cet état des esprits avait pour symptôme irrécusable une tendance marquée à se cantonner dans les intérêts particuliers. On ne savait plus se passionner pour ce qui dépassait la sphère de ses affaires personnelles, de ses plaisirs, de son commerce, de son industrie. Il se créait ainsi une foule de petits mondes à part qui se renfermaient en eux-mêmes. On se croyait en droit de ne pas penser au-delà. Pour les uns, la vraie patrie, c'était la Bourse ; pour d'autres, le club ; pour un grand nombre, l'usine ou la boutique. Cet égoïsme n'était pas le seul. Il y en avait, pour les meilleurs d'entre nous, un d'une nature plus subtile et plus délicate, et qui s'insinuait dans les âmes sous le masque des plus beaux sentiments. Je veux parler de l'égoïsme du foyer. La famille elle-même et les affections qui la composent peuvent avoir ainsi leur corruption secrète ; c'est quand le père de famille, uniquement soucieux de garantir le bien-être de son intérieur, l'avenir de ses enfans, le bonheur de tous ceux qui lui sont chers, arrive à perdre de vue le lien qui rattache ces biens particuliers au bien général, qui en est la caution la plus sûre, et surtout les conditions morales qui en relèvent le prix, les vertus fières, le sentiment viril de l'indépendance et de la grandeur de son pays, l'obligation d'y travailler sans relâche et de s'y dévouer. Il faut bien dire que ce mot de devoir civique n'avait plus de sens pour la plupart des familles. C'était à qui, parmi les pères, réussirait à soustraire son fils à ce genre de devoir, les uns à prix d'argent par le remplacement militaire, d'autres par des dispenses et des subterfuges d'une moralité plus que douteuse. On estimait que c'était faire preuve de légitime dévouement à sa famille que de s'ingénier à frauder le pays des services qu'il était en droit de réclamer, ou d'en acquitter le prix par des sacrifices

Section I.

d'argent. C'étaient là les leçons de patriotisme que l'on donnait à ses enfants. Qui ne sait quelle formidable opposition souleva parmi nos excellents pères de famille cette institution de la garde mobile qui, sérieusement pratiquée et organisée à temps, aurait épargné à la France tant de sang précieux inutilement versé ?

L'exagération des intérêts particuliers, l'abus même des plus légitimes sentiments, cet individualisme de la famille que je viens d'indiquer, avaient leur contre-coup dans l'esprit public. Il s'était créé insensiblement une sorte de scepticisme ou tout au moins une certaine indifférence qui menaçait d'atteindre dans ses sources le vieux patriotisme français. Ce nom même, la patrie, ne représentait plus guère pour la masse de la nation, absorbée dans ses intérêts privés ou ses affections domestiques, qu'une abstraction vide ou une légende surannée. Une abstraction ! elle n'est que cela en effet dès qu'un peuple cesse d'alimenter cette vivante idée du plus pur de son âme et de son sang. Ce n'est que par les sacrifices que l'on fait à cette idée qu'elle devient une réalité ; mais c'est d'abord à la condition d'y croire que l'on peut se sacrifier à elle. Or où était-il, il y a un an seulement, cet esprit de sacrifice et de foi à la patrie ? L'état n'apparaissait plus que comme un gérant responsable chargé de nous administrer et de nous défendre. On payait pour être dispensé de cette grosse besogne de l'entretien des routes, des écoles et des armées ; on nommait des députés pour contrôler les dépenses faites. Tout était dit, et l'on vaquait à ses propres affaires en sûreté de conscience. La chose publique, les intérêts généraux, la police des idées et celle des rues, la politique intérieure et extérieure, tout cela s'administrait ainsi, par délégation. On se faisait représenter par une quittance pour tous les services publics qui demandaient autrefois un effort personnel, une part de dévouement. On se croyait quitte à ce prix à l'égard de la patrie. La société française, cette société formée par de longs siècles d'aspirations communes, de traditions héroïques et de sacrifices, faisait, dans les idées du plus grand nombre, la figure d'une société d'assurance mutuelle où chacun, en payant sa prime sous forme d'impôt, acquérait le droit d'être garanti contre tout risque de désordre ou de violence, de pillage ou de guerre, à peu près comme on l'est contre la grêle ou l'incendie. Le patriotisme passait insensiblement à l'état de sentiment vague, sans application

Elme-Marie Caro

et sans emploi, un sentiment plus ou moins théorique ou poétique, analogue (on l'a dit avec justesse) au sentiment de la paternité pour qui n'a pas d'enfant. Ceux à qui parfois il arrivait d'exprimer avec quelque vivacité leur orgueil pour le passé de la France, ou leurs rêves pour son avenir, provoquaient d'infaillibles sarcasmes. Il y avait même, pour châtier ces naïvetés de tempérament patriotique, une appellation cruelle dans sa vulgarité. Tous ces mépris superbes, ces fines ironies, ces désintéressement d'esprits détachés des vieux fétiches, vont-ils au moins sentir l'irréparable tort qu'ils ont manqué nous faire en risquant de tarir dans l'âme populaire la source de ces pures et nobles émotions où s'inspire aujourd'hui l'élan de la nation, surtout quand ils voient s'étaler dans sa lourde arrogance le *chauvinisme* tudesque, au prix duquel le nôtre était chose bien légère et bien inoffensive ? Eh ! quel grand peuple n'a pas le sien ? Les Anglais ont le leur, qui participe du robuste tempérament de la nation. Assurément il n'a rien chez eux qui rappelle cette exaltation légère et fanfaronne que l'on nous a souvent reprochée, infatuée de vaine gloire, grisée par la fumée des batailles, courant après la chimère. Il n'est pas de race plus froide, plus calculatrice, plus strictement dévouée aux intérêts de son commerce, aux dividendes de ses comptoirs, et pour qui la politique d'aventure ait moins d'attraits ; mais il s'est fait de tout temps, dans ce solide bon sens des Anglais, une indissoluble alliance entre le culte des intérêts les plus positifs et la passion la plus obstinée pour la grandeur et la puissance de leur pays. C'est un patriotisme substantiel et concentré qui, pour ne pas s'évaporer en démonstrations, en attitudes et en phrases, n'en est que plus résolu aux derniers sacrifices pour le triomphe de la cause que chaque Anglais considère comme sa chose propre et son bien. L'individualisme se concilie ainsi et tout naturellement avec ce sentiment très personnel de la patrie, entendu comme l'entendent les Anglais, et qui n'est qu'une sorte d'individualisme supérieur. En faisant respecter l'Angleterre à travers le monde, l'Anglais participe, en imagination et en fait, de cette autorité et de cette puissance. C'est sa grandeur à lui, qu'il manifeste et qu'il honore dans celle de son pays. Chaque Anglais puise une force nouvelle dans la contemplation de cette image agrandie de lui-même qui est comme l'idéal de sa personnalité. Voilà par quels liens secrets

Section I.

s'établit une sorte de substance commune entre le citoyen anglais et sa patrie. Si jamais il rompait ce lien, le citoyen sent, d'un sur instinct, qu'il retomberait aussitôt dans sa personnalité chétive et misérable, un *moi* sans force et sans grandeur, je dirai presque sans idéal. Il s'en garde bien. Là est un des traits caractéristiques de cette forte race. L'égoïsme vulgaire détruit la patrie. L'individualisme britannique s'y rattache intimement, lui donne une vie et une réalité, s'élève par elle et s'y transfigure. Voilà ce que le dernier Anglais comprend aussi bien que les hommes d'état. C'est le plus puissant ressort de son esprit politique ; c'est le secret de sa force.

Chez nous au contraire, il devenait de mode de railler les formes naïves du sentiment national. Sous l'influence d'un égoïsme léger, qui heureusement n'avait pas pénétré jusqu'au cœur de la nation et n'était qu'une corruption de surface, l'image de la patrie s'effaçait sensiblement et décroissait dans les esprits. Cette disposition regrettable rencontrait, même dans les sphères supérieures de la pensée, plus d'une complicité apparente ou secrète. Nous connaissons tous ces théories qui florissaient alors parmi les savants et les penseurs, et qui, interprétées trop littéralement, pouvaient prêter à de singuliers malentendus. Il y avait là en effet pour les esprits superficiels sinon une justification en règle, du moins quelque chose comme un système scientifique d'excuses toutes préparées en faveur de ces défaillances du patriotisme. Quelle autre conclusion pratique pouvait-on tirer de ce parti-pris de dédain à l'égard du génie de notre race comparé au génie des races étrangères ? Dans certains groupes d'élite, il était passé en règle absolue, on le sait, d'exalter les aptitudes critiques, scientifiques, esthétiques, des autres peuples, particulièrement du peuple allemand, en sacrifiant les nôtres, qui, tout en étant d'une nature spéciale, ont assurément leur valeur et sont au moins égales aux autres dans leur diversité. On se gardait avec soin de toute prédilection nationale comme d'un signe d'étroitesse d'esprit. La haute culture scientifique, c'était le nom de l'idole à laquelle nous étions tenus de sacrifier de gaîté de cœur nos prétentions surannées en faveur de ce vieil esprit français qui, au XVIIe et au XVIIIe siècle, avait fait la conquête du monde par ce mélange exquis de verve et de bon sens, d'enthousiasme et de raison, qui constitue proprement le charme. Il fallait maintenant, sous peine d'être taxé de béotisme, adorer des dieux nouveaux,

Elme-Marie Caro

s'incliner devant les oracles obscurs d'une critique qui devait tout renouveler, la philosophie de la matière et de l'esprit, comme celle des langues et des races. On nous assurait que c'était la loi des choses et celle du temps, qu'on devait reconnaître cette raison supérieure, non se révolter puérilement contre elle. On démontrait par assertions tranchantes que les facultés originales et créatrices de notre pauvre France étaient épuisées, à supposer qu'elles eussent jamais existé au point où l'imaginait un enthousiasme naïf, fondé sur une doctrine et des traditions de collège. Tenir encore pour cette critique française qui posait en principe que ce qui ne peut pas être dit simplement ne vaut pas la peine d'être dit, s'obstiner dans l'admiration rétrograde de l'esprit national, qui ne nous paraît clair, nous disait-on, que parce qu'il est superficiel, et de cette philosophie indigène, — que ce soit d'ailleurs celle de Descartes ou de Condillac, — si bien ajustée au niveau de la médiocrité publique, et qui n'est guère que la raison commune délayée en formules vides, c'était faire preuve de patriotisme plus que d'intelligence et de jugement. On déconsidérait ainsi l'esprit français dans ses plus admirables parties, son naturel exquis, sa finesse, et surtout cette incomparable clarté qui tient à son instinct logique et à son esprit d'analyse ; on nous désapprenait à aimer la France dans ses qualités les plus aimables, dans ses œuvres les plus charmantes et les plus fortes, dans cette variété merveilleuse de productions qui vont de Pascal à Molière et de Bossuet à Voltaire sans rien mêler d'exotique à cette verve généreuse, sans sortir un seul instant de la gamme si riche du génie national. Par une sorte de conjuration secrète entre ces beaux esprits qui à certains égards se traitaient entre eux comme des affidés, il était établi que, pour entrer dans le cénacle, il fallait prendre le mot d'ordre transmis par quelque oracle germanique, soit M. Strauss, M. Gervinus ou M. Mommsen. On n'avait le droit d'être écouté qu'à ce prix. Si l'on ne revenait pas d'un pèlerinage à ces sources mystérieuses du savoir et de la vraie critique, on ne pouvait dépasser les premiers degrés de l'initiation. On restait les déclassés de la fausse science, les parias de la culture inférieure. Et dans ces conclaves d'initiés quel enthousiasme pour les révélations qui traversaient le Rhin, le fleuve sacré ! Quelles exégèses respectueuses et attendries autour de la parole sainte, apportée de Gœttingue ou de Berlin ! Comme on s'empressait de

Section I.

croire à tous ces prophètes nébuleux de l'hégémonie germanique ! Nous savons maintenant à quoi nous en tenir sur les prétentions et les procédés de la suprématie allemande ; nous avons pu juger le but et les moyens. Jamais l'art de transformer les choses par les formules n'a été poussé à ce degré d'impudence. Cet idéalisme dont nous avons tous été plus ou moins les dupes, ce n'était pas autre chose au fond que la transformation des forces de la matière par la science, la concentration de ces forces dans la main très réelle et très pesante de l'armée allemande, qui représente l'idée pure à peu près comme un buveur de bière peut représenter les Muses et les Grâces. — Quant à cet empire intellectuel, montré comme la conclusion nécessaire du mouvement de l'histoire, nous savons son nom maintenant, c'est l'empire des Hohenzollern. Les titres que l'on faisait valoir à cette suprématie n'étaient que des titres apocryphes. Ils se réduisent à une politique sans scrupule et à l'emploi de la force à outrance. Il importe de rétablir la vraie proportion des choses, et de ne pas donner à un fait brutal l'apparence et le nom d'une idée.

Quoi qu'il en soit, l'hégémonie germanique, au moins dans le domaine de la pensée, avait depuis plusieurs années des partisans déclarés ; mais il y avait encore une forme supérieure de ce désintéressement patriotique. Sacrifier les dons de notre race, mépriser le génie français, c'était le commencement de cette sagesse transcendante. La fin, le couronnement, c'était de se déclarer étranger à toutes ces petites questions de rivalités nationales, à ce patriotisme de clocher. On s'efforçait de nous faire sentir que toutes ces prétentions et ces vanités mesquines du temps et de l'espace n'étaient rien, ne devaient rien être pour qui vivait exclusivement dans les régions sublimes, en commerce familier avec les principes divins du beau et du vrai. Pour les penseurs vraiment affranchis, nous disait-on, non sans quelque affectation d'un privilège supérieur, il ne peut y avoir qu'une sorte de patriotisme, celui de l'idéal. Il s'attache à suivre les formes relatives de l'esprit absolu à travers l'histoire et les races. Il se fait tour à tour le concitoyen, par la sympathie, de tous les peuples où passe la manifestation divine. Aryen quand l'esprit souffle sur les hauts sommets de l'Asie centrale, sur la source sacrée d'où vont descendre les grandes races, hindou quand cet esprit souffle sur les bords du

Gange ou bien aux rivages de Ceylan, sémite quand c'est sur les rives du Jourdain ou les lacs de Galilée, grec avec Périclès et Platon quand c'est au cap Sunium, plus tard il s'enfermera dans l'ombre des cloîtres, où se réfugiera tout ce qui reste de vie spirituelle au moyen âge, allemand aujourd'hui, américain demain, s'il le faut, suivant dans ses évolutions le développement de la pensée, nomade en apparence seulement, au fond fidèle à la civilisation qui se déplace. Les intelligences de cette race déclarent fièrement qu'elles n'ont pas de nationalité au sens étroit du mot. Elles vont où va l'esprit ; elles habitent où il se pose, n'ayant d'autre mission que de l'expliquer et de le révéler par la critique. Le vrai nom de ce patriotisme, c'est la science.

Je ne m'exagère pas l'influence de pareilles idées. Elles sont le partage du petit nombre. Je ne devais pas cependant négliger de les indiquer parmi les causes morales des défaillances de l'esprit public. Elles avaient pour elles le prestige de beaux talents ; elles s'autorisaient de noms célèbres. Des hauteurs de la science, elles se répandaient par mille canaux dans la presse, dans la conversation. À certains jours, il arrivait qu'elles étaient acclimatées parmi nous, et certes, dans les traductions infidèles et grossières qui s'en faisaient ainsi, elles ne pouvaient qu'affaiblir, énerver l'esprit français en le désintéressant à l'excès du patriotisme, des sentiments et des devoirs qu'il impose. J'ajouterai même que de pareilles doctrines, prises dans leur vrai sens, me mettent en défiance. Tant de hauteur d'âme, une si sereine impartialité, une curiosité si désintéressée, ressemblent, à s'y méprendre, à une parfaite indifférence. C'est une sorte de quiétisme scientifique, que je tiens pour ma part en médiocre estime. Il n'est donné à aucune créature humaine de s'affranchir à ce point des bornes qui lui sont assignées, ni des instincts étroits peut-être, mais énergiques et profonds, que la nature a mis en elle pour l'attacher aux créatures jetées dans le même coin du temps et de l'espace. Ces instincts correspondent à de nobles idées que représentent ces grands noms, l'honneur, le devoir, la patrie. Qui oserait dire qu'on les doive subordonner à aucun autre intérêt, quel qu'il soit, fût-ce l'intérêt sacré de la vérité spéculative ou du sentiment esthétique, de la science ou de l'art ? La passion pour l'indépendance et la grandeur de son pays est une forme du culte de l'idéal, qui n'est inférieure à aucune autre, et dont aucune autre ne dispense.

Ce que nous avons dit de la passion exclusive de la science ou de l'art, on peut le dire de l'amour de l'humanité, qui certes est un grand et légitime amour, principe dos plus nobles émotions, à une condition pourtant, c'est qu'il ne dévie pas de sa destination, et qu'il n'absorbe pas le sentiment de la patrie. Or c'était là que tendaient, à leur insu ou non, plusieurs des esprits dévoués à la propagande de cette idée. Il s'était créé une sorte de sentimentalisme humanitaire qui n'était ni sans exagération ni sans péril. Il s'exprimait, dans les hautes régions de l'esprit, par une philosophie fort élevée assurément, par des raisonnements excellents sur le principe et la fin commune de l'humanité, sur la solidarité sacrée qui relie les hommes dans la même œuvre de civilisation et de progrès, dans les mêmes aspirations vers la justice et la science. Dans les régions moins élevées, ce sentiment se compliquait de revendications communes, disait-on, aux classes laborieuses, et qui les unissaient, par-dessus les frontières des différents pays, dans le vague espoir et les programmes plus vagues encore d'une liquidation du capital cosmopolite et de l'affranchissement du travail. — Des deux côtés, d'une part avec l'utopie généreuse de la paix et de la concorde, d'autre part avec la chimère plus dangereuse d'une dernière révolution à faire, la révolution sociale, on battait en brèche les remparts de la patrie. On chantait dans les livres, dans les conférences et dans les rues la *Marseillaise* de la paix, on s'enivrait de ce refrain sublime : « les peuples sont pour nous des frères ! » Nous l'avons vue à l'œuvre, cette fraternité des peuples ! Quand elle n'est pas réciproque et garantie, elle n'est rien autre chose qu'une mystification sinistre. Nous l'avons vue, cette fraternité, armée jusqu'aux dents, piller, saccager les pays envahis, renouveler sous nos yeux les violences invraisemblables des plus tristes siècles de l'histoire. Les États-Unis d'Europe ! à merveille, quand il n'y aura plus de rois ou d'empereurs pour jeter des millions de vies humaines en proie à leurs ambitions puériles ou à leurs calculs féroces, quand il n'y aura plus des nations de proie qui se disent nées pour la domination universelle, ni des chanceliers pour le leur persuader, ni enfin d'odieuses passions pour diviser les peuples à défaut de ministres et de souverains ! C'était l'utopie favorite de l'opposition dans les dernières chambres. On réclamait théoriquement le désarmement

Elme-Marie Caro

universel, et dans le fait on préparait de toutes ses forces celui de la France. Combien mieux avisé se montrait M. Thiers en refusant de s'associer au platonisme sentimental de ses collègues de la gauche ! Avec quelle ténacité clairvoyante il pressentait, il traçait d'avance les éventualités formidables de l'avenir ! Le regard fixé sur les mouvements des nations belliqueuses, il voulait que la France restât armée, encore qu'il se défiât de la main qui tenait l'épée de la France. Il ne cessait pas de marquer en traits énergiques et pressants le rôle de notre pays, qui était d'empêcher la force de faire la loi en Europe, d'imposer la justice envers les faibles, la loyauté des serments, le respect des traités. On a vu par un récent exemple ce qui arrive dès que cette magistrature de la France s'interrompt ou abdique momentanément. C'est à qui mettra le plus vite à profit cette interruption de la justice active. On en prend à l'aise avec les faibles, soit avec la Turquie, soit avec la Hollande. On dénonce les traités qui gênent, on s'affranchit de la parole donnée et des signatures échangées par quelque grossier subterfuge appuyé par beaucoup de canons. — Avec de pareilles mœurs et de tels instincts dans les nations les plus civilisées du monde, à quel siècle lointain ne faut-il pas ajourner ces nobles rêves de fraternité universelle !

La philosophie humanitaire condamne le patriotisme en disant que c'est un sentiment étroit, fait de haine plus que d'amour, et que la haine est stérile et va au néant. Il n'est pas juste de dire qu'il entre de la haine dans l'essence du patriotisme. Cet amour implique une préférence passionnée, une subordination de sentiments, non une opposition nécessaire. La haine n'arrive qu'à l'instant où l'amour offensé se révolte contre l'injure et la violence. En ce cas, comme dans tous les autres, elle n'est que le contre-coup de l'amour irrité. — Travaillons de toutes nos forces à préparer l'ère de la fraternité universelle ; mais travaillons-y d'abord en faisant régner la justice sur la terre. Pour cela, exterminons la violence et le crime, déshonorons-les devant l'histoire, ne craignons pas de les détester et de les combattre par tous les moyens sous les noms divers des puissances qui les représentent. — Et puis, ne l'oublions pas, l'humanité est si vaste que le sentiment qu'elle nous inspire risque de se perdre dans sa vague immensité. Habituons-nous à l'aimer à travers cette humanité particulière dont nous faisons intimement partie, à laquelle nous tenons par les racines de notre passé, par toutes les fibres de notre cœur. Ce sera l'initiation naturelle à un ordre plus large de sentiments et de devoirs, si nous avons d'abord bien connu et pratiqué les sentiments précis que la patrie nous inspire et les devoirs positifs qu'elle nous impose. Quand nous nous serons accoutumés à aimer notre patrie dans la justice et dans la paix, il nous sera plus aisé de passer de cette sphère restreinte à la sphère agrandie de l'humanité. Cette méthode est plus sûre que celle qui procéderait dans l'ordre inverse, et s'irait perdre dans d'inutiles et dangereuses rêveries.

C'étaient d'autres rêveries de ce genre qui nous empêchaient de voir clair dans les intérêts et les droits de la France, au cours des intrigues diplomatiques ou des aventures armées de ces derniers temps. Une des idées fausses qui ont fait le plus tort au sentiment de la patrie, c'est le principe mal compris, indiscrètement appliqué, sur lequel on édifiait la théorie toute nouvelle des nationalités. On n'a pas oublié l'étrange et funeste faveur que cette théorie a rencontrée auprès des esprits les plus divers de tendance et d'origine, assurément au grand détriment de la France. Cette idée, tout abstraite, nous désintéressait insensiblement d'une cause très évidente et très claire, celle de la patrie, sacrifiée dans sa sécurité à des bouleversements politiques d'une utilité et d'une moralité douteuses. Sous le prétexte mal à propos invoqué de droits naturels et de justice imprescriptible, on livrait aux railleries cette vieille politique de l'équilibre européen, la politique de Henri IV et de Richelieu, qui se connaissaient bien pourtant en matière de patriotisme. Des esprits distingués eux-mêmes, séduits par cette chimère, partaient pour la croisade, la plume à la main. Nous devenions les don Quichottes des nationalités souffrantes. Seulement on n'avait jamais pu s'entendre sur le principe ; encore aujourd'hui l'incertitude reste la même. Où commence, où finit la nationalité ? À quelles limites doit expirer ce prodigieux principe, susceptible d'une extension menaçante à laquelle il importe de marquer un terme ? Quel est l'élément constitutif de la nationalité ? Est-ce la race, la langue, la littérature, la religion ? Est-ce un seul de ces éléments, ou bien en faut-il plusieurs ? faut-il même qu'ils soient tous réunis pour former cette chose rare ? Personne encore n'a pu le dire clairement ; mais voyez quel abus on a fait de ce principe, quel abus on en peut faire pour légitimer toutes les usurpations, toutes les violences ! À l'aide de ce principe, vous avez, il est vrai, fondé l'unité italienne, et j'y applaudis volontiers, si l'avenir montre que ce n'était pas là une unité factice, obtenue à l'aide de circonstances et de passions momentanées, et que de ces éléments divers, Naples, Rome, Turin, il puisse sortir une nation homogène, un état durable. Si cet espoir se réalise, c'est une preuve que le principe agit au hasard, faisant le bien comme le mal, organisant ici des unités naturelles qui se seraient fort bien organisées sans lui, là des unités factices et instables, le tout aveuglément et sans savoir ce qu'il fait. Prenez garde cependant. Si la nationalité constitue le droit à l'unité, à quel titre vous opposerez-vous à l'unité slave ? Voilà du coup une des plus grosses questions soulevées, un des plus formidables périls de l'avenir bien légèrement provoqué par vous. Voulez-vous avoir sur les bras 84 millions de Slaves rassemblés sous la forte discipline et dans la puissante unité de la Russie ? Poussez le principe à bout. S'il est juste, comment prétendrez-vous retenir une seule de ses conséquences ? L'unité germanique élève aussitôt ses prétentions. On les connaît ; mais, si elle a le droit historique pour elle, pourquoi vous opposer à la force dont son droit est armé ? Et voici les provinces baltiques menacées dans l'avenir, l'Alsace et la Lorraine dans le présent, le Luxembourg pris en attendant le tour de la Hollande. Qu'avez-vous à dire ? Le principe des nationalités a prononcé contre vous.

En face de ces confusions d'idées spécieuses, de faux principes et de droits mensongers, plaçons l'idée de la patrie. Comme cette idée est claire, comme le sentiment qu'elle éveille est précis et profond ! Et cependant la difficulté est tout autre pour un grand pays moderne de se définir lui-même qu'elle n'était pour ces patries antiques qui se confondaient avec la cité, qui avaient un corps mesurable, des frontières visibles, un horizon limité, embrassé du regard par le citoyen, comme Athènes ou Rome. Malgré cette difficulté, qui de nous ne conçoit et ne sent ce que c'est que la patrie ? La race est un élément secondaire. Il y a plusieurs races en France, des Gaulois, des Romains, des barbares, des Allemands. La langue n'est pas davantage l'élément essentiel. Le Breton, qui parle comme parlaient ses ancêtres les Celtes, s'estime Français au même titre que l'Alsacien, qui parle allemand. La religion n'est pas non plus le trait dominant. À l'heure où nous sommes, qui pourrait

Section I.

dire chez qui le patriotisme est le plus vif, chez les catholiques ou les protestants ? laquelle des deux religions a le plus souffert des malheurs du pays ? Qui pourrait mesurer ces douleurs ? — L'unité de l'état, accomplie dans un certain organisme d'institutions, donne bien certainement un corps, une réalité solide à l'idée de la patrie. Cela ne suffit pas cependant. Voyez la Pologne réfractaire à toutes les tentatives d'assimilation de la Russie, et après un siècle d'histoire en commun, imposée par la force, refusant encore comme au premier jour d'entrer dans l'organisme préparé pour la recevoir. C'est qu'à tout cela il manque quelque chose, la flamme qui seule peut fondre tous ces éléments réfractaires dans l'indissoluble unité. L'amour, voilà le vrai principe ; l'amour, c'est-à-dire l'unité acceptée, voulue, consacrée par des souffrances communes et des dévouements réciproques, l'unité cimentée par le sang et les larmes des générations, voilà la patrie. Elle n'est pas ailleurs. Ainsi se fonde l'intime solidarité des familles placées sur le même territoire ; ainsi se réalise, par un sentiment d'une énergie que rien ne peut abattre, cette âme collective, formée par toutes les âmes d'un pays, et qui, plus heureuse que le territoire lui-même, échappe aux prises de la force et défie la conquête.

Section II.

Nous avons montré sous quelles influences le patriotisme s'était énervé dans ces dernières années. Il n'est pas nécessaire, au moment où la France porte au sein la blessure de l'invasion, à l'heure même où des quartiers de Paris s'abîment sous les bombes, de montrer comment a disparu cette mortelle langueur, comment la patrie, qui ne représentait plus pour beaucoup qu'une sorte de raison sociale, pour d'autres qu'un préjugé suranné, pour quelques-uns enfin qu'un vague souvenir ou une pâle abstraction, est devenue tout d'un coup une réalité sublime, digne de toute notre piété et de tous nos sacrifices, — pour qui le dévouement absolu de chacun n'est que le simple devoir. C'est le miracle de la force brutale de provoquer l'explosion des forces morales qu'elle méprise, et de susciter l'instrument de son châtiment. À coup sûr, quand il forgeait les foudres de la justice divine dans l'atelier de M. Krüpp, le bon roi Guillaume n'avait pas pensé qu'il allait réveiller l'âme

Elme-Marie Caro

à demi éteinte de la France, et qu'une fois éveillée, cette âme, au service du droit, deviendrait invincible. Si ce réveil avait eu lieu plus tôt, si la France avait pu se mettre d'accord avec l'Angleterre il y a six ans, elle eût empêché l'attentat commis sur le Danemark, — ce crime révélateur par lequel s'essayait la politique de la Prusse. Cette fois au moins la France aurait déclaré, on nous l'accordera, la plus juste des guerres. Elle eût été, aux yeux de l'Europe et de l'histoire, le soldat désintéressé du droit, et aujourd'hui le canon prussien ne déshonorerait pas nos remparts. Touchante solidarité que crée la justice entre les peuples modernes ! le Danemark protégé contre l'injure, c'était la France épargnée, l'Europe garantie pour un demi-siècle contre les attentats, le monde en paix. Et voilà comment s'expie non-seulement le mal que l'on fait, mais celui qu'on n'a pas empêché.

Si tardif qu'il soit, ce grand phénomène moral s est accompli la France, sous le coup terrible dont elle a manqué être foudroyée, s'est ressaisie tout entière dans la conscience de sa vivante unité Elle a senti ce que c'était qu'un compatriote en subissant l'injure de l'étranger. Tous les vains rêves et les systèmes se sont évanouis devant la raison publique, en face de la réalité. Je fais aux penseurs transcendants et à nos grands critiques l'honneur de croire qu'ils ont ressenti je ne sais quel trouble nouveau dans la paix divine de leurs idées. Quant aux philosophes humanitaires, ils avouent qu'il faut bien ajourner de quelques années l'ouverture des États-Unis d'Europe de peur qu'il ne prenne fantaisie au terrible chancelier du nord de présider la séance. Les intérêts eux-mêmes ont compris le tort qu'ils se faisaient en s'isolant dans leur indifférence. D'ailleurs il faut bien le dire à la gloire de notre race, l'égoïsme n'est jamais chez nous qu'à la surface. Il y a dans notre fait bien plus de légèreté que de corruption : vienne une circonstance grave, une crise ; on est émerveillé de voir comme ces frivolités ou ces scepticismes de parade disparaissent et se fondent sous les souffles meilleurs qui viennent d'en haut pour laisser voir le fond du cœur, qui est bon, et l'instinct, qui est droit. Cet épicurien, ce sceptique que nous avons connu, le voilà prêt au sacrifice, se moquent peut-être de lui-même, parce qu'il faut bien garder quelque chose de son tour d'esprit et de ses habitudes, mais capable de mourir pour une idée qu'il raillait hier, pour le devoir dont il plaisantait à son cercle, pour la patrie

Section II.

dont il applaudissait les parodies sur les scènes infimes. Tel est le Français, celui de Paris surtout ; ceux qui l'ont jugé autrement n'ont rien compris à cette bizarre essence. Le mal était dans l'esprit plus que dans le cœur. Voilà ce qu'ignoraient les lourds moralistes de l'Allemagne qui venaient nous juger, étudier nos légèretés sur l'asphalte des boulevards ou à l'orchestre des petits théâtres, et qui, rapportant à Berlin le témoignage de la pudeur offensée, sollicitaient le plus pieux des rois de venir nous rendre des mœurs à coups de canon.

Les signes du patriotisme réveillé, ils sont partout. Que nous sommes loin déjà, — au moins par le temps moral, celui que mesurent non pas les jours, mais les idées, — que nous sommes loin de ces théories commodes et paresseuses qui remettaient au soin de l'état la sûreté de nos biens, celle de nos existences, la dignité et la défense du pays ! Nous nous étions habitués à croire que le salut privé et public était chose officielle, administrative, qui regardait en premier lieu la gendarmerie, en second lieu l'armée, au sommet de la hiérarchie le souverain. Pour nous, il semblait que ce n'était pas notre affaire. Nous comprenons maintenant quel risque nous a fait courir cette abdication momentanée de nos devoirs les plus sacrés, ceux de qui dépendent à un moment donné la fortune et l'existence d'une nation. Les énergies individuelles se sont ranimées, elles se relèvent d'un élan superbe qui ne demande qu'à être soutenu pour que la France soit sauvée. Chacun ne compte plus que sur soi-même pour protéger la chose commune, le bien de tous. On n'admet plus de sauveurs par procuration. Nous sentons qu'il ne nous est plus permis de déléguer à personne l'honneur du péril, la responsabilité de l'effort, que pour tous le danger doit être le même, l'obligation commune ; que la dette envers le pays doit être payée au même prix et du même sang, enfin qu'il n'y a ni privilège ni dispense devant la question de vie ou de mort posée à la France. Si cet instinct salutaire devient une conviction raisonnée, s'il s'enracine dans le cœur de la nation, ne désespérons pas d'elle. Perdue par ceux qui avait pris à forfait l'entreprise du bonheur et du salut public, relevée par un miracle de l'activité individuelle, garantie par le souvenir de nos revers contre les tentations et les revanches de la force, confirmée enfin par l'esprit de sagesse qui émanera de la conscience publique, la fortune de la

France peut arriver à ce point où elle n'aura d'égale que sa justice et sa modération.

Que nous faut-il pour cela ? Une seule chose, la persévérance dans l'effort. Ce qui est difficile pour la nation, je le sais, ce n'est point l'élan, même héroïque, c'est la ténacité du vouloir, c'est la durée dans la résolution, c'est la vigueur soutenue. En bien ! que chacun de nous s'exerce à cette vertu rare en France, la patience contre l'obstacle et surtout contre l'obstacle intérieur, notre mobilité d'humeur, la promptitude de nos dégoûts, ces énervement et ces lassitudes par lesquels nous avons plus d'une fois failli périr. Ah ! si nous savions vouloir comme nos ennemis, ceux qui sont à nos portes, vouloir comme eux, non pas un mois, mais dix ans, non pas dix ans, mais un siècle ! Sachons au moins prendre le secret de leur force ; sachons imiter cette énergie tenace d'un peuple qui a fait à nos dépens la preuve de sa supériorité momentanée ! Que cette revanche terrible d'Iéna nous offre à nous-mêmes l'occasion et le profit d'un perfectionnement durable ! Pour cela, nous n'avons qu'à nous inspirer de l'exemple que nous a donné la Prusse. Quoi de plus patriotique que de reconnaître les qualités de ses plus implacables ennemis, à la condition d'en profiter ? Par une coïncidence bizarre, en même temps que tonne sur nos remparts l'artillerie prussienne, on publie (bien tardivement, hélas !) un remarquable rapport adressé en 1868 au ministre de la guerre par notre attaché militaire en Prusse, et qui, expliquant le présent par le passé, retrace en termes expressifs cette grande histoire. L'audace dans le dessein, la vigueur dans l'exécution, voilà les traits de la nation que nous combattons. Ce que l'on connaissait moins, c'étaient les fortes qualités dont l'emploi remplissait l'intervalle des grands évènements, et par lesquelles se préparait, s'assurait cette singulière fortune d'un peuple deux fois abattu en un siècle et se relevant deux fois de l'abîme avec une vigueur plus indomptable. Écoutons l'observateur sagace que nous avions placé à Berlin pour nous envoyer de là des informations excellentes que personne ne consultait à Paris et des conseils qui viennent d'être exhumés, un peu tard, des cartons du ministère. Aucune période de l'histoire de la Prusse n'est plus instructive que celle qui suivit la catastrophe d'Iéna. La Prusse est anéantie ; l'empereur la relègue au-delà de l'Elbe, lui impose des contributions écrasantes, et malheureusement

Section II.

y ajoute les humiliations en exigeant qu'elle n'entretienne pas plus de 40,000 hommes sous les armes. Alors cette nation virile, tout en se courbant sous le joug de la nécessité, se replie sur elle-même ; elle étudie les causes d'un si profond désastre, bien résolue à s'affranchir et à se venger. Aidé des sentiments qui animent toute la nation et entraîné par des hommes de cœur, le gouvernement se prépare à profiter du moment favorable, élude les conditions humiliantes imposées par l'empereur en instruisant sans relâche de nouvelles troupes de landwehr ; puis 1812 venu, la Prusse fournit 200,000 hommes à la coalition, se distingue par un acharnement sans pareil, et poursuit la France de rancunes qui persistent vivaces aujourd'hui chez les descendants de cette époque. On ne peut qu'admirer cette énergie d'un peuple pour qui un désastre écrasant devient ainsi une cause de régénération. Cette pensée est si vraie qu'on la trouve énoncée dans la plupart des publications prussiennes qui retracent l'histoire du XIXe siècle. Elle m'a aussi été exprimée par des hommes distingués. C'est à la France, disent-ils, que nous devons notre réveil et notre grandeur. Iéna nous a fait réfléchir, et nous avons profité de la leçon.[1] » Les détails de cette histoire, la régénération d'un peuple, l'élan unanime de la société de Berlin en 1807, la conspiration des efforts de toutes les classes, de tous les talents vers un but commun d'affranchissement, tout cela nous a été raconté ici même d'après des correspondances et des mémoires du temps qui ne laissent plus rien à désirera notre curiosité, et dont nous devons tirer les plus énergiques motifs d'émulation.[2] Ne nous plaignons pas trop de la rude leçon que nous avons reçue, si nous aussi nous en savons profiter comme la Prusse a profité, il y a soixante ans, de celle qu'elle avait reçue de nous.

Pour cela, croyons et agissons. Croyons à la patrie ; ne laissons plus s'éteindre en nous, sous le souffle glacé des systèmes, cette flamme, principe des mâles vertus et de l'héroïsme qui relèvent les peuples. Eux aussi, les philosophes de l'Allemagne, avant Iéna, dans la jouissance tranquille de leurs spéculations et de leurs travaux, dans la sérénité de la théorie pure, en étaient arrivés à cette suprême indifférence pour la patrie qui se confond trop souvent avec l'amour de l'humanité. Il régnait dans les sphères

---

1 *Rapports au ministre de la guerre*, par le baron Stoffel, colonel d'artillerie.
2 Voyez la *Revue* du 1er novembre 1870.

Elme-Marie Caro

philosophiques je ne sais quel cosmopolitisme béat et vague qui ressemblait singulièrement à celui dont nous a réveillés ce coup de foudre. On sait que, la veille encore des grandes épreuves de la race germanique, Herder flétrissait « le patriotisme, indigne de citoyens du monde, » que Lessing déclarait aux applaudissements des beaux esprits « qu'il n'avait aucune idée de l'amour de la patrie, et que ce sentiment lui paraissait tout au plus une faiblesse héroïque dont il se passait volontiers. » Schiller s'écriait dans un distique célèbre qu'on nous rappelait naguère : « Vous espérez en vain. Allemands, former une nation ; contentez-vous d'être *hommes*. » Fichte lui-même réclamait trois ans à peine avant Iéna, dans les *Traits du temps*, contre les prétentions étroites du sentiment national, - Fichte, qui en 1807 adressait à la nation allemande vaincue et dispersée ces *Discours* où il osait lui annoncer les plus sublimes destins, qui dans les salles de l'université de Berlin, pendant l'occupation française, répandait avec son âme dans celle d'un auditoire frémissant les ardeurs de sa philosophie vengeresse. — C'est que toutes les théories humanitaires, si belles dans l'idéal, s'évanouissent comme une vaine fumée quand l'ennemi est là, devant vous, en armes et en vainqueur.

Nous avons sous la main les éléments de notre régénération. Le principal de tous, c'est le renouvellement de l'armée par son mélange intime avec l'élément civil. Je ne suis pas de ceux qui accusent de trahison nos généraux vaincus, et jusqu'à preuve du contraire je ne veux pas admettre qu'il puisse y avoir des mains assez criminelles, quand elles ont reçu en dépôt la fortune de la France, pour la laisser volontairement échapper ou la livrer à nos mortels ennemis ; mais ce qui est aujourd'hui démontré jusqu'à l'évidence, c'est que le système de nos institutions demande à être complètement refondu dans ses instruments matériels comme dans ses éléments moraux, dans ses méthodes comme dans l'esprit qui l'anime. Le mot du chancelier du nord nous trace les conditions du salut : « la Prusse est une nation armée contre une nation qui à une armée. » Excellent avis qu'il faut mettre à profit non pas seulement aujourd'hui, dans la crise formidable qui nous étreint, mais dans l'avenir, quand nous aurons le loisir de l'organiser. — L'armée tendait à se séparer de nous, elle devenait insensiblement une nation dans la nation ; pis que cela, elle devenait une carrière.

Section II.

Il faut remettre nos institutions militaires en contact avec l'esprit vivant de la France. Le service sous les armes ne doit plus être une fonction pour quelques-uns, il est un devoir pour tous. Non, sans doute nous ne devons pas désarmer : cette belle utopie doit disparaître devant les leçons que nous donne la Prusse, devant les vagues menaces qui nous viennent de la Russie, devant l'état fiévreux et inquiet de l'Europe, où l'on s'aperçoit de ce qui manque dès que la France, véritable justicière, n'y fait pas régner l'ordre en imposant aux forts le respect des faibles ; mais nous devons armer toute la nation, imposer à la jeunesse dès le collège ce rude apprentissage, la préparer au métier qu'elle fera plus tard, un an ou plus suivant les circonstances et selon les degrés de son instruction. Nous ne détruirons pas les cadres de notre armée, nous y ferons passer à grands flots toujours renouvelés le peuple entier pour le rendre capable non de conquête, mais de résistance à la conquête, pour n'être plus un jour surpris à l'improviste, comme nous l'avons été par des millions de voisins tranquilles, studieux, pacifiques en apparence, levés soudain comme par un coup de baguette magique et se ruant à travers nos bataillons broyés jusqu'au cœur de la France.

Notre armée renouvelée deviendra, elle aussi, comme l'a été l'armée prussienne après Iéna, une école de patriotisme. Elle l'est déjà, même dans l'organisation hâtive que les circonstances et le péril public lui ont donnée. N'est-ce donc rien en effet que ce mélange déjà réalisé des divers éléments dont se compose la nation : la garde nationale, qui représente tout le monde ; la garde mobile, qui représente plus spécialement les jeunes générations tirées des ateliers ou des travaux des champs ; l'armée régulière enfin, dont les débris combattent aujourd'hui près d'elle et prendront à ce contact les germes de l'esprit national, qui seul peut soutenir leur dernier élan ? — Cette expérimentation, faite dans le danger suprême, sur l'élément civil appliqué à la défense, cet appel fait aux énergies individuelles le lendemain des catastrophes, cette mission de sauver la France donnée à la France elle-même après la destruction de ses armées, tout cela aura, en dehors des résultats militaires, une conséquence du plus haut prix : le rapprochement des classes et des partis sous le même uniforme, dans la rue, sur les remparts, aux tranchées, partout. C'a été un spectacle unique dans

Elme-Marie Caro

l'histoire que de voir ainsi se mêler sur le champ de bataille toutes les conditions, toutes les habitudes, les professions les plus diverses. Les religieux, les prêtres, ont eu leur large part au péril et à la gloire. Personne, même dans les quartiers perdus, n'oserait insulter maintenant à la robe de bure des frères de la doctrine chrétienne, depuis que cette robe a été trouée par les balles prussiennes sur le plateau de Champigny, dans la plaine du Bourget, sous le drapeau des ambulances. Personne, même parmi les penseurs les plus hostiles, n'oserait révoquer en doute le patriotisme du clergé depuis qu'on a lu l'éloquente lettre de l'évêque d'Orléans quelques jours avant l'invasion de sa ville épiscopale, ou celle de l'évêque d'Angers à ses jeunes séminaristes, leur mettant à la main un fusil et les poussant à faire leur devoir. — Ainsi tomberont, j'espère, bien des préjugés et des haines, ainsi se préparera l'ère de la vraie liberté, qui ne peut exister que par la tolérance réciproque des opinions et le respect des convictions d'autrui. Tout cela doit amener en même temps une ère de concorde, une paix définitive entre les classes. — Quand des habitants de la même ville, étrangers les uns aux autres avant cette dernière épreuve, auront vécu ensemble des mêmes privations et dans le même péril, comment serait-il possible qu'un jour la haine politique s'emparât de ces frères d'armes et tournât le fusil de l'un contre la poitrine des autres ? La guerre contre l'étranger, soutenue d'un commun accord, aura désarmé à tout jamais la guerre civile. Je veux le croire. Il y a deux mois, dans un des plus tristes jours de la triste histoire que nous traversons, vers le 31 octobre, à l'une de ces heures néfastes où un simple hasard, un mot mal compris, un geste mal interprété, peuvent amener les plus épouvantables conflits dans les foules inquiètes, enflammées par d'odieux soupçons, je traversais sur la place de l'Hôtel-de-Ville un de ces groupes qu'un orateur sinistre excitait à voix basse et poussait *à l'action*. Un ouvrier lui répondait et je recueillis en passant cette bonne parole : « C'est cependant bien dur d'échanger des coups de fusil quand on a passé des jours et des nuits ensemble au rempart. » Ce mot qui n'avait l'air de rien était toute une révélation. On n'aurait pas entendu le pareil au mois de juin 48.

Fasse Dieu que cette réconciliation provisoire sous les armes rende possible plus tard l'union des partis dans un seul parti qui sera la

Section II.

nation ! À ce prix, nous n'aurons pas perdu inutilement ces torrents de sang qui depuis quatre mois coulent sur notre sol envahi ; mais il faut que la foi patriotique l'emporte dans l'âme de la France sur le feu révolutionnaire. Cette distinction est de toute nécessité, et si elle triomphe des confusions que l'on voudrait créer entre ces deux sentiments si différents, j'ai bon espoir pour l'avenir de mon pays. Jusqu'à cette heure, c'est la foi patriotique qui heureusement domine. C'est elle qui, de tous les coins de nos malheureuses provinces, appelle sous les mêmes drapeaux la vieille France monarchique et la jeune France républicaine. La foi patriotique accepte sans arrière-pensée le gouvernement nouveau, parce qu'elle sent avant tout le besoin de concorde et d'unité, ne lui demandant qu'une chose, de sauver le pays, et prête à accepter de grand cœur la république, si la république nous ramène la victoire. Elle consent, sans penser à se plaindre, à tous les sacrifices de parti pour le bien de la France ; elle subordonne toutes les questions qui divisent à celle qui réunit, la question unique, celle de l'honneur national et du salut. Elle lève des armées innombrables, elle les organise, elle les jette toujours renouvelées sous l'effort de l'ennemi étonné ; elle inspire les plus pures ardeurs, les plus nobles dévouements, celui des jeunes gens qui vont mourir le front haut, l'éclair sublime dans les yeux, et celui des hommes politiques dont la gloire est faite depuis longtemps, qui pourraient la mettre en sécurité et comme à l'abri dans un repos que le monde entier honore, et qui n'hésitent pas à jeter leur vieillesse illustre sur tous les grands chemins de l'Europe pour aller plaider la cause de leur patrie et imposer le respect de ses malheurs aux grandes puissances égoïstes, annonçant les justices infaillibles de l'avenir, qui châtiera cette indifférence. Voilà ce que fait la foi patriotique. Le feu révolutionnaire est d'une action moins sûre et d'une inspiration moins haute. Il excite les passions plus que les dévouements ; il divise par ses dangereuses ardeurs plus qu'il ne concilie ; il recommence éternellement, à des époques fort différentes, la même histoire ; il refait les mêmes discours, il édite les mêmes tirades, il s'épuise en proclamations ; il ne déteste pas l'effet théâtral. Il installera sur les places publiques des estrades avec tentures et drapeaux pour les enrôlement de volontaires devant les populations plus étonnées que sympathiques ; il décrétera la victoire, tandis qu'il vaudrait mieux l'organiser ; il

Elme-Marie Caro

instituera des commissaires civils près des armées pour surveiller les chefs ; il destituera les généraux malheureux, proclamant que la république ne peut être vaincue que par la trahison. Il effraie les populations plutôt qu'il ne les attire ; il trouble le pays, qu'il aurait suffi d'émouvoir ; il fait si bruyamment tout ce qu'il fait, avec de si grandes déclamations et des gestes si furieux, que les gens calmes mettront en doute s'il ne place pas les intérêts d'un parti avant ceux de la France, et qu'on se demande quel serait son choix, s'il fallait en faire un.

Mais le bon sens de la nation s'est prononcé, et son action salutaire a ramené l'équilibre dans plus d'un esprit où il semblait d'abord en péril. La foi patriotique a déjà fait bien des miracles dans notre histoire. Je n'en connais pas de plus grand que celui qu'elle est en train d'accomplir. Il se produit dans la France entière un de ces mouvements prodigieux qui soulèvent un peuple et ! e précipitent tout entier, frémissant et armé, au-devant de l'envahisseur. Nous ne savons pas tout ce qui se passe derrière cette muraille de fer élevée entre la province et nous ; mais on ressent une grande joie et un noble orgueil à deviner la vérité à travers la colère de nos ennemis et à reconstruire avec les indications qui leur échappent le tableau de nos chères provinces réunies dans un sublime élan. — Un de ces journaux rédigés pour l'armée ennemie et qui sont le léger, mais précieux butin de nos victoires d'avant-poste, se plaint en termes irrités du soulèvement de ces *pauvres populations fanatisées*. Il paraît que c'est très mal fait à nous de nous défendre, que cette obstination est de mauvais jeu, qu'après Sedan et Metz, n'ayant plus d'armée, nous ne devions plus lutter : tout le mal que nous leur faisons maintenant est pure malice et méchanceté noire. Le bon roi Guillaume nous le dit avec une sorte de tendresse : « Pourquoi arracher vos paisibles populations à leurs ateliers ou à leurs champs ? Je ne demandais pas mieux que de les laisser travailler en paix ; » mais ce qui est monstrueux, c'est que nous ayons songé à organiser des légions de francs-tireurs. Avec ces gens-là, fort incommodes pour « les vaillants Allemands, » on ne sait vraiment plus distinguer le soldat du bandit. Où cesse le combat honorable, où commence l'assassinat, on l'ignore. Il est très désagréable d'être exposé à trouver la mort derrière un buisson ou au coin d'un bois, quand on vient exercer dans un pays vaincu les justes droits de la

Section II.

conquête. Enfin, car la liste des griefs est longue, dans quel pays a-t-on jamais vu gaspillage pareil des deniers publics ? En une autre circonstance déjà, nos aimables ennemis avaient doucement blâmé le gaspillage incompréhensible que nous faisons de notre poudre ; ils nous en avaient charitablement avertis. Aujourd'hui il s'agit de nos finances, et le conseil marque la même bonté d'âme. En vérité, à quoi pensent donc M. Gambetta et ses amis ? En prenant possession des pouvoirs et des coffres de l'état, ils ont commencé par acheter les *fusils du monde entier*. Est-ce assez maladroit, quand ils pouvaient avec ce bon argent acheter les grains dont la France a si grand besoin pour compléter les déficits de sa dernière récolte ?

Ces *fusils du monde entier*, ils sont maintenant entre les mains de nos frères de province qui marchent en bataillons innombrables sous les drapeaux de Chanzy, de Bourbaki, de Faidherbe, et qui, à force de vaillance, lasseront enfin l'obstination de la mauvaise fortune. Nous n'assistons qu'en imagination à ce grand spectacle de la France ressuscitée ; mais nous avons sous les yeux celui de Paris, et il n'en est pas de plus beau. Je voudrais, dans un tableau rapide qui serait la conclusion naturelle de cette étude, montrer à nos détracteurs de Berlin ce qu'est devenu sous la rude discipline du malheur ce Paris que ces hommes graves ont jugé si légèrement sur la foi de quelques mauvais romans, et où il leur plaisait de voir l'auberge élégante de tous les vices de l'Europe. Je voudrais qu'ils le vissent maintenant, tel que l'a fait une longue et terrible guerre, calme sous une pluie de feu, plus résolu que jamais dans ce quatrième mois du siège qui va s'accomplir. Le voir ainsi, ce serait le châtiment de nos plus cruels ennemis. Quatre mois de siège, ce n'est pas de l'héroïsme encore, je le veux bien, et ce n'est que depuis peu de temps que nous commençons à mériter cette admiration de l'univers qu'on nous décernait dès les premiers jours ; mais enfin il y a eu, il y a surtout maintenant de grandes souffrances supportées par une population immense avec un calme qui ne se serait pas démenti, si des vanités sinistres, d'atroces ambitions ne venaient par instant le troubler, l'irriter et menacer de soulever le chaos où s'engloutirait ce qui reste de la fortune et de l'honneur de la France.

La situation est unique dans l'histoire. Depuis le 18 septembre au matin, un cercle de fer s'est fermé impitoyablement sur une ville de deux millions d'habitants, que le même coup a retranchés du

Elme-Marie Caro

reste du monde ; ce n'est plus qu'à de bien rares intervalles qu'il nous est donné par des moyens primitifs qui seraient lisibles, s'ils n'étaient touchants, quelques nouvelles de nos chers absents et ces échos du dehors qui nous apportent les dernières palpitations du cœur de la France. Oui, ce que l'on croyait impossible s'est vu. À la même heure, sur tous les points de la vaste circonférence, les mailles de ce réseau immense se sont rejointes avec une rigidité et une justesse mathématiques. Jusqu'à ces derniers jours, c'était moins un siège que nous subissions avec ses émotions actives qu'une sorte de séquestration morale destinée à nous infliger ce double supplice, la famine et le découragement. Maintenant la voilà qui avance ses batteries pour nous couvrir de ses feux, cette prudente armée, depuis qu'elle entend distinctement le bruit de la France entière qui s'est levée et qui s'approche. Au fait, est-ce bien une armée ? n'est-ce pas plutôt une gigantesque machine dirigée par d'habiles ingénieurs, quelque chose comme une usine à meurtre, le plus merveilleux instrument de précision que le génie humain ait inventé pour la destruction des hommes et des villes ? Assurément la guerre ainsi entendue n'a plus rien d'un poème ; c'est un problème de mécanique meurtrière qui se développe. On n'avait encore rien vu de comparable à cette combinaison d'intelligences et de volontés humaines réduites au rôle de ressorts et d'engrenages, et conspirant sous l'impulsion d'un moteur unique à ce résultat, l'écrasement scientifique d'une nation.

On aura peine à se figurer plus tard ce qu'a été à certains jours l'état moral de cette ville immense, isolée du monde entier, rejetée violemment sur elle-même par les batteries ennemies, se dévorant d'angoisses, l'oreille tendue vers tous les bruits du dehors, s'épuisant soit en travaux pour la défense, soit en efforts contre la guerre civile, et se reposant de ces labeurs et de ces soucis dans une inaction agitée, dans l'énervement des longues et vaines attentes. Nul des innombrables habitants de cette ville n'a échappé au sort commun, nul n'a songé à s'y soustraire. Depuis près de quatre mois, chacun de nous a vécu hors de chez lui, arraché à ses foyers, à ses travaux par cette épouvantable tempête qui a pris dans son tourbillon tant de millions d'existences, les jetant toutes en proie à la même fatalité, dans le même inconnu. Pendant ces longues journées et ces nuits plus longues encore, dans la rue et sur les remparts, nous avons

Section II.

dû renoncer à cette vie individuelle que nous font nos professions diverses, nos goûts, nos études. La vie de chacun a été celle de tout le monde, et quelle vie, traversée par ce flux et ce reflux des impressions les plus diverses, saturée jusqu'à l'excès d'électricités contraires, tour à tour exaltée et défaillante, fiévreuse dans ses langueurs mornes, comme dans ses surexcitations aiguës ! Tout ce tumulte des armes, ce bruit de paroles et d'idées, ce choc des émotions contraires, cette agitation, tout ce que nous avons rêvé, espéré, souffert, tout ce que nous avons vu ou ce que nous avons fait, l'histoire de chacun de nous enfin, ce sera de l'histoire un jour.

Il y avait bien d'abord, quand a commencé la grande épreuve, quelque agitation inutile dans la rue, je ne sais quelle gaîté malséante en de si tristes jours, et le courage n'était pas lui-même sans quelque pointe de forfanterie. Tout cela est changé à l'heure qu'il est, et quelqu'un qui aurait vu Paris dans le cours de septembre ne le reconnaîtrait pas. Les parties légères et vaines de l'esprit parisien se sont évaporées dans l'effervescence des premières heures de la république et des derniers soleils d'automne. Il n'en est resté que la meilleure part et la plus solide, la résolution, le patriotisme obstiné, la foi dans le génie de la France. Nous avons fait voir au monde, qui contemplait nos premiers désastres avec une pitié sans bienveillance, ce qu'il y a de ressources dans les forces et le cœur de ce peuple, et que sa volonté intrépide a pu s'égaler à son immense désastre. Il a soutenu une de ces luttes où l'on entraîne son ennemi dans sa chute quand on ne se relève pas vainqueur et vengé. Ah ! je le sais, ce sont là sentiments peu politiques que la raison positive condamne ; mais c'est l'impression du grand cœur de Paris, grand à travers ses passions mêmes et ses misères, — c'est cette impression que je traduis ainsi. En vain vient-on lui dire : « Soyons sages. Faut-il absolument être héroïque ? » Il repousse cette politique de la prudence, si elle ne s'offre pas à lui avec des conditions qui n'humilient pas le présent et n'imposent pas à l'avenir le devoir de revanches sans fin. Combien je préfère à cette sagesse des conseillers de tant d'esprit et de résignation la folie que l'honneur inspire et qui n'est après tout que le sentiment exalté du devoir ! Cette folie aussi peut avoir sa clairvoyance, et que de fois n'est-il pas arrivé que les gens raisonnables ont eu tort contre elle !

La voilà faite dans l'épreuve et le sacrifice la réconciliation de la

Elme-Marie Caro

France entière ! Maintenant, quoi qu'il arrive, l'âme de la patrie est retrouvée ; la France recommence. Nous avons senti ce qu'est la patrie en la voyant souffrir. Avec quelle exaltation nous le sentirons le jour où nous la verrons triomphante et délivrée ! Cette guerre qui aura épuisé notre plus généreux sang, il est possible qu'elle fasse l'unité de l'Allemagne ; mais ce ne sera jamais que l'unité de territoire et de caserne. À coup sûr, cette guerre aura renouvelé l'union de la France, son union indissoluble et sacrée dans la liberté et dans l'amour.

Section II.

ISBN : 978-1539976004